Impressum
Verlag: BABADADA GmbH, Nedderfeld 112 , 22529 Hamburg
Geschäftsführer / Verlagsleitung: Harald Hof
Druck: Books on Demand GmbH, In de Tarpen 42, 22848 Norderstedt

Imprint
Publisher: BABADADA GmbH, Nedderfeld 112 , 22529 Hamburg, Germany
Managing Director / Publishing direction: Harald Hof
Print: Books on Demand GmbH, In de Tarpen 42, 22848 Norderstedt, Germany

学校

škola

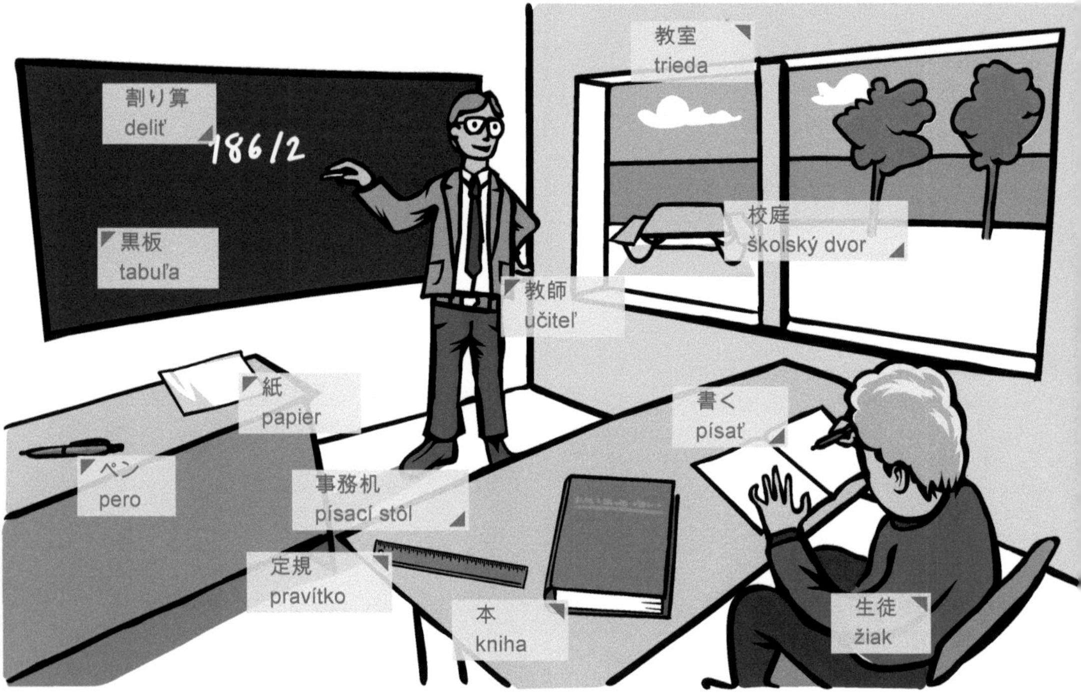

教室
trieda
割り算
deliť
186/2
黒板
tabuľa
校庭
školský dvor
教師
učiteľ
紙
papier
書く
písať
ペン
pero
事務机
písací stôl
定規
pravítko
本
kniha
生徒
žiak

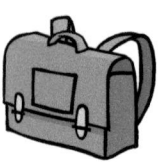

ランドセル

školská taška

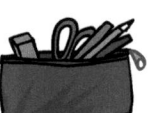

筆入れ

peračník

鉛筆

ceruza

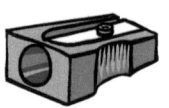

鉛筆削り

strúhadlo na ceruzky

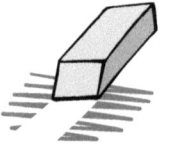

消しゴム

guma

スケッチブック

skicár

スケッチ
kresba

絵筆
štetec

絵の具箱
vodové farby

はさみ
nožnice

接着剤
lepidlo

練習帳
cvičný zošit

宿題
domáca úloha

12

数
číslo

2+2

足し算
sčítať

5-2

引き算
odčítať

2×2

かけ算
násobiť

計算する
počítať

A

文字
písmeno

ABCDEFG
HIJKLMN
OPQRSTU
VWXYZ

アルファベット
abeceda

hello

単語
slovo

テキスト
text

読む
čítať

チョーク
krieda

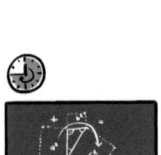

授業
hodina

学級日誌
triedna kniha

試験
skúška

通知表
certifikát

制服
školská uniforma

教育
vzdelanie

百科事典
encyklopédia

大学
univerzita

顕微鏡
mikroskop

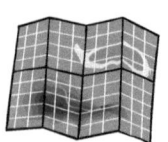

地図
mapa

ごみ箱
kôš na papier

旅行

cesta

ホテル
hotel
Grand
ホステル
nocľaháreň
ROOMS
両替所
zmenáreň
EXCHANGE
スーツケース
kufor
自動車
auto

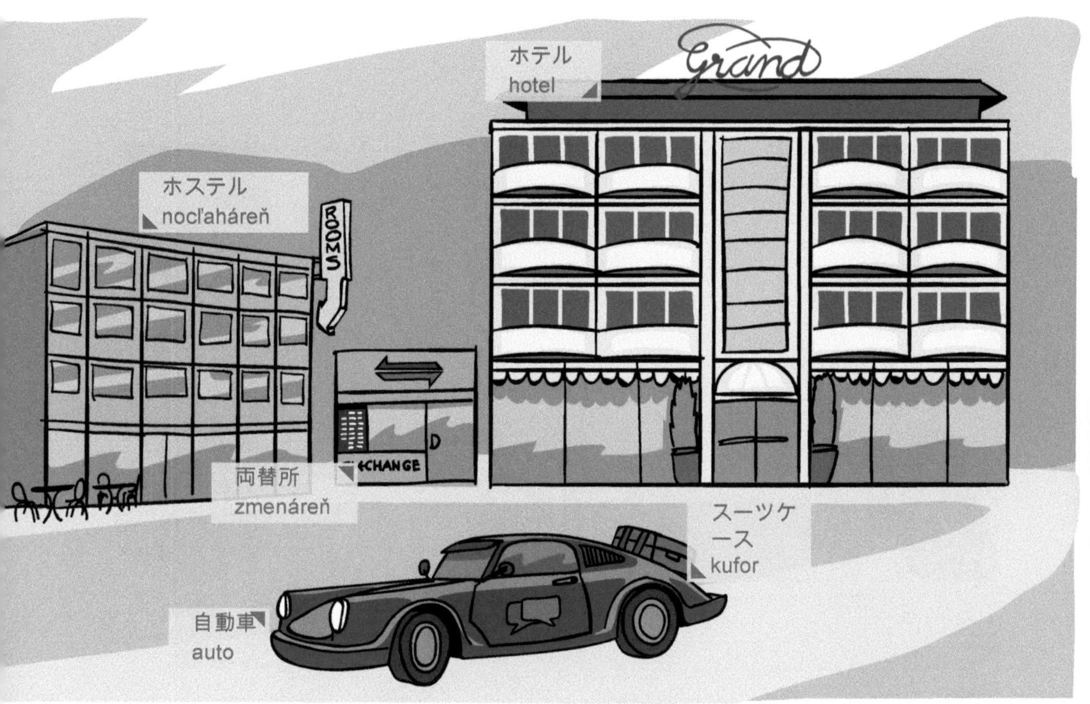

言語

jazyk

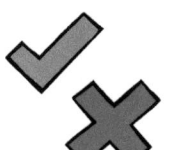

はい / いいえ

áno/nie

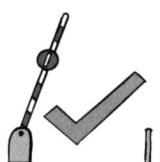

問題ない

v poriadku

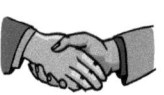

ハロー

ahoj

翻訳者

prekladateľ

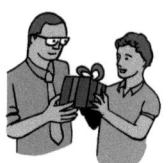

ありがとう

ďakujem

…はいくらですか？

Koľko stojí … ?

わかりません

Nerozumiem

問題

problém

こんばんは！

Dobrý večer!

おはようございます！

Dobré ráno!

おやすみなさい！

Dobrú noc!

さようなら

Dovidenia

方向

smer

手荷物

batožina

バッグ

taška

リュックサック

batoh

お客様

hosť

部屋

izba

寝袋

spacák

テント

stan

旅行者情報

informácie pre turistov

ビーチ

pláž

クレジットカード

kreditná karta

朝食

raňajky

昼食

obed

夕食

večera

チケット

cestovný lístok

エレベーター

výťah

スタンプ

poštová známka

境界

hranica

税関

clo

大使館

veľvyslanectvo

ビザ

vízum

パスポート

cestovný pas

輸送

doprava

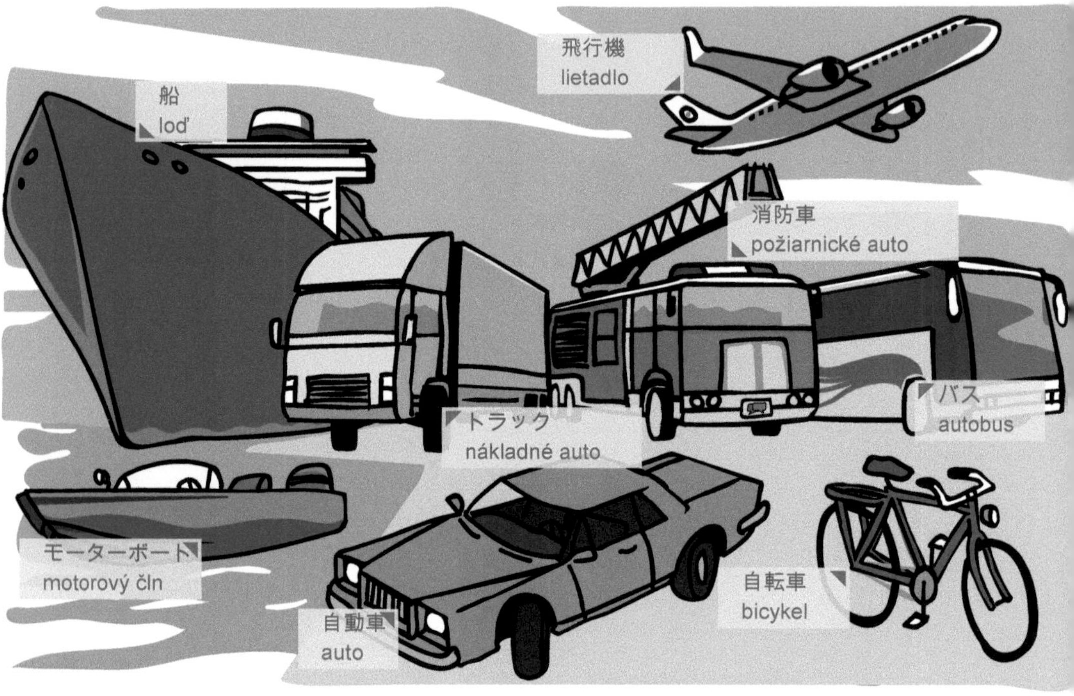

飛行機
lietadlo
船
loď
消防車
požiarnické auto
トラック
nákladné auto
バス
autobus
モーターボート
motorový čln
自転車
bicykel
自動車
auto

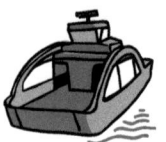

フェリー

trajekt

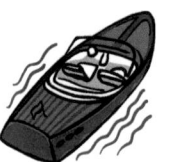

ボート

loď

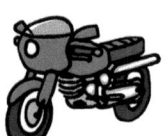

バイク

motorka

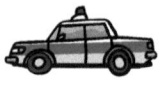

パトカー

policajné auto

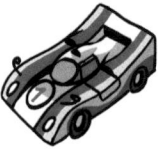

レーシングカー

pretekárske auto

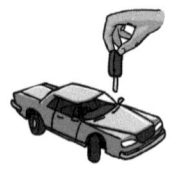

レンタカー

vozidlo z požičovne

カーシェアリング

carsharing

レッカー車

odťahové auto

ごみ収集車

smetiarske auto

モーター

motor

燃料

benzín

ガソリンスタンド

čerpacia stanica

交通標識

dopravná značka

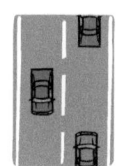

交通

premávka

渋滞

zápcha

駐車場

parkovisko

駅

vlaková stanica

道

trate

列車

vlak

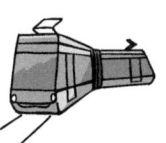

路面電車

električka

車両

vagón

ヘリコプター

helikoptéra

空港

letisko

タワー

veža

乗客

pasažier

コンテナ

kontajner

段ボール箱

kartón

カート

vozík

カゴ

kôš

離陸 / 着陸

štartovať / pristáť

都市

mesto

村

dedina

都心

centrum mesta

家

dom

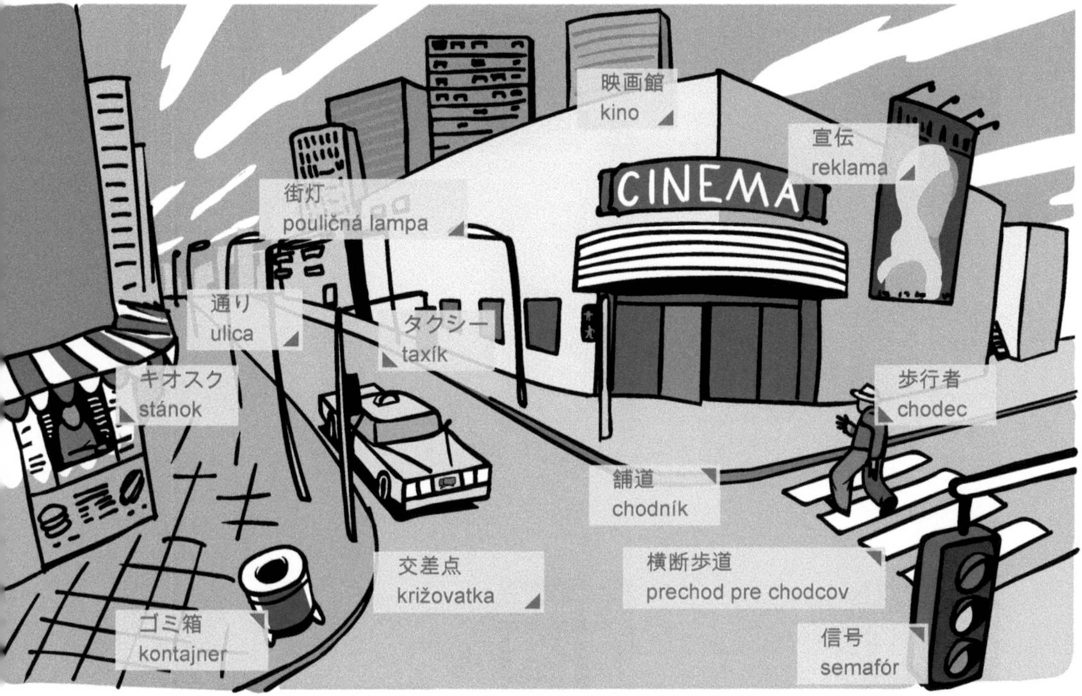
映画館
kino
宣伝
reklama
CINEMA
街灯
pouličná lampa
通り
ulica
タクシー
taxík
キオスク
stánok
歩行者
chodec
舗道
chodník
交差点
križovatka
横断歩道
prechod pre chodcov
ゴミ箱
kontajner
信号
semafór

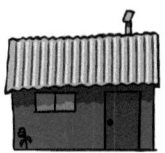

小屋

chata

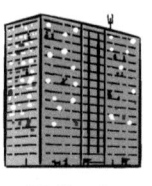

アパート

byt

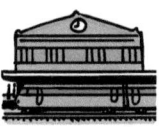

駅

vlaková stanica

市役所

radnica

MUSEUM

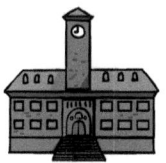

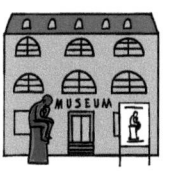

美術館

múzeum

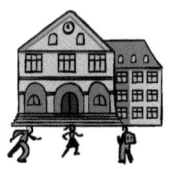

学校

škola

大学

univerzita

銀行

banka

病院

nemocnica

ホテル

hotel

薬局

lekáreň

オフィス

kancelária

書店

kníhkupectvo

ショップ

obchod

花屋

kvetinárstvo

スーパーマーケット

supermarket

市場

trh

デパート

obchodný dom

魚屋

obchodník s rybami

ショッピングセンター

nákupné stredisko

港

prístav

公園

park

ベンチ

lavička

橋

most

階段

schody

地下鉄

metro

トンネル

tunel

バス停

autobusová zastávka

バー

bar

レストラン

reštaurácia

ポスト

poštová schránka

道路標識

tabuľa s názvom ulice

パーキングメーター

parkovacie hodiny

動物園

ZOO

スイミングプール

plaváreň

モスク

mešita

都市 - mesto

農場

farma

汚染

znečisťovanie životného prostredia

基地

cintorín

教会

kostol

遊び場

ihrisko

寺

chrám

風景

terén

葉
list

道標
smerová tabuľa

道
cesta

草地
lúka

石
kameň

木
strom

ハイカー
turista

川
rieka

草
tráva

花
kvet

谷
dolina

山
kopec

湖
jazero

森
les

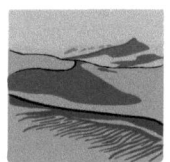

砂漠
púšť

火山
vulkán

城
zámok

虹
dúha

キノコ
hríb

ヤシの木
palma

蚊
komár

ハエ
mucha

蟻
mravec

ミツバチ
včela

クモ
pavúk

カブトムシ

chrobák

蛙

žaba

リス

veverička

ハリネズミ

jež

ウサギ

zajac

フクロウ

sova

鳥

vták

白鳥

labuť

雄豚

diviak

鹿

jeleň

ヘラジカ

los

ダム

hrádza

風力タービン

veterná turbína

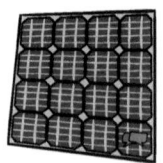

ソーラーパネル

solárny panel

気候

podnebie

レストラン
reštaurácia

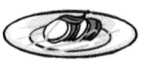

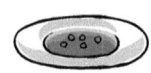

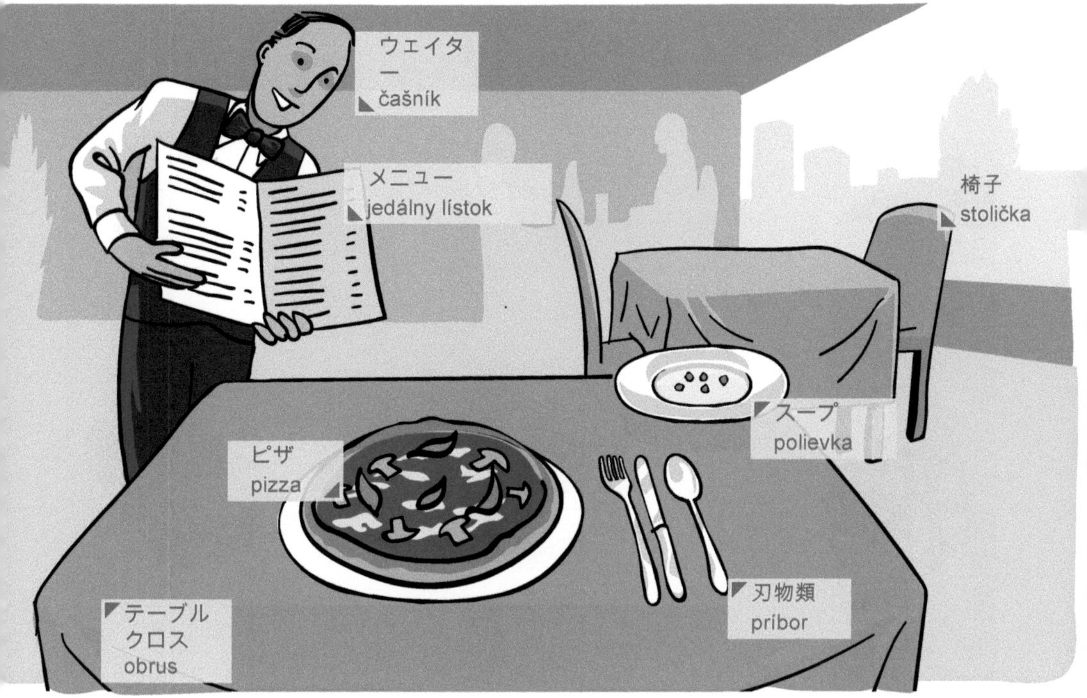
ウエイター
čašník
メニュー
jedálny lístok
椅子
stolička
スープ
polievka
ピザ
pizza
刃物類
príbor
テーブルクロス
obrus

前菜

predjedlo

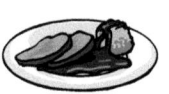

メインコース

hlavné jedlo

デザート

zákusok

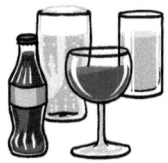

飲み物

nápoje

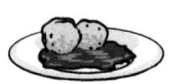

食べ物

jedlo

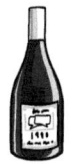

ボトル

fľaša

ファストフード

fast-food

屋台の食べ物

street food

ティーポット

kanvica na čaj

砂糖入れ

cukornička

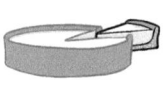

一人前

porcia

エスプレッソマシン

stroj na espresso

幼児用食事椅子

detská stolička

請求書

účet

トレー

podnos

ナイフ

nôž

フォーク

vidlička

スプーン

lyžica

ティースプーン

čajová lyžička

ナプキン

obrúsok

グラス

pohár

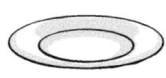

皿
tanier

スープ皿
hlboký tanier

受け皿
podšálka

ソース
omáčka

塩入れ
soľnička

ペッパーミル
mlynček na korenie

酢
ocot

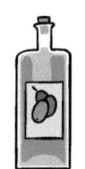

油
olej

スパイス
korenie

ケチャップ
kečup

マスタード
horčica

マヨネーズ
majonéza

スーパーマーケット

supermarket

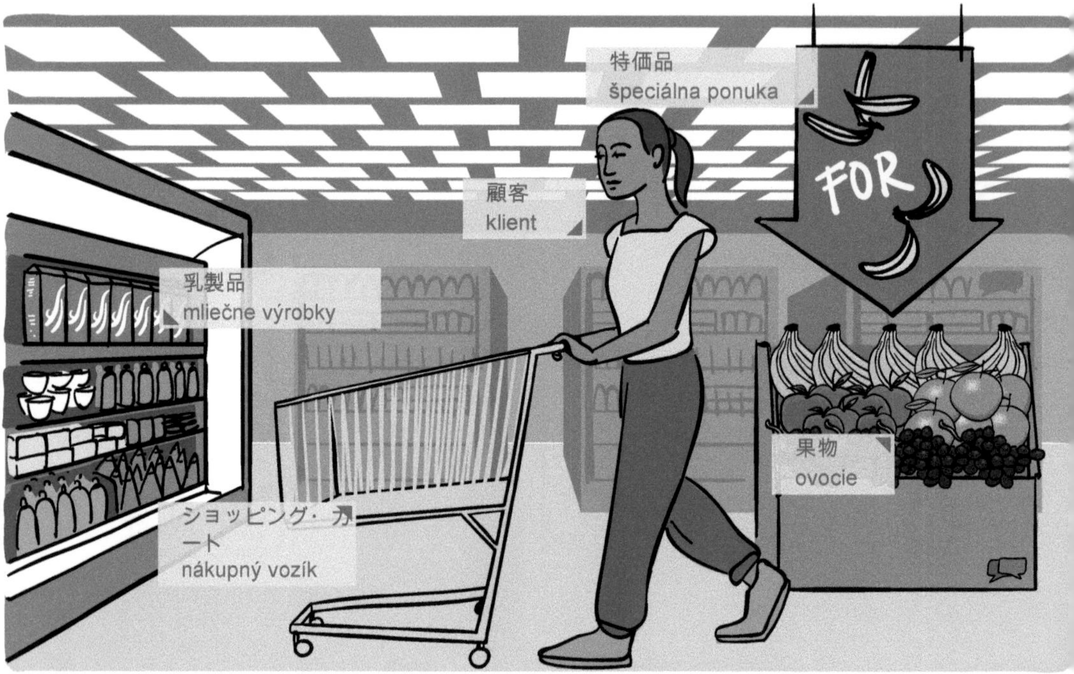

特価品
špeciálna ponuka
FOR
顧客
klient
乳製品
mliečne výrobky
果物
ovocie
ショッピング・カート
nákupný vozík

BUTCHERS

肉屋

mäsiarstvo

BAKERY

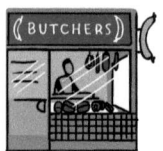

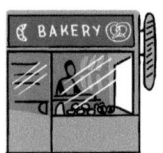

パン屋

pekáreň

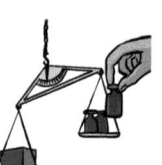

重さをはかる

vážiť

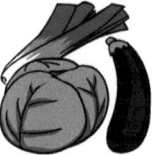

野菜

zelenina

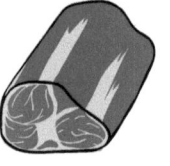

肉

mäso

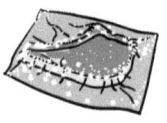

冷凍食品

mrazené potraviny

冷肉の薄切り

nárez

缶詰食品

konzervy

洗剤

prací prostriedok

菓子

sladkosti

家庭用品

domáce potreby

清掃用品

čistiace prostriedky

販売員

predavačka

現金箱

pokladňa

レジ係

pokladník

買い物リスト

nákupný zoznam

開館時刻

otváracie hodiny

財布

peňaženka

クレジットカード

kreditná karta

バッグ

taška

ポリ袋

plastové vrecko

飲み物
nápoje

水
voda

ジュース
džús

牛乳
mlieko

コーラ
kola

ワイン
víno

ビール
pivo

アルコール
alkohol

ココア
kakao

紅茶
čaj

コーヒー
káva

エスプレッソ
espresso

カプチーノ
kapučíno

バナナ

banán

リンゴ

jablko

オレンジ

pomaranč

メロン

melón

レモン

citrón

ニンジン

mrkva

ニンニク

cesnak

竹

bambus

玉ねぎ

cibuľa

キノコ

hríb

ナッツ

orechy

ヌードル

rezance

スパゲッティ

špagety

米

ryža

サラダ

šalát

フライドポテト

hranolky

フライドポテト

pečené zemiaky

ピザ

pizza

ハンバーガー

hamburger

サンドウィッチ

obložený chlebík

カツレツ

rezeň

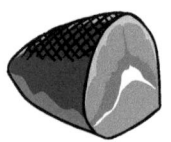

ハム

šunka

サラミ

saláma

ソーセージ

klobása

鶏肉

kurča

焼き

pečené mäso

魚

ryba

麦のお粥

ovsené vločky

ムーズリ

müsli

コーンフレーク

kukuričné lupienky

小麦粉

múka

クロワッサン

croissant

ロールパン

pečivo

パン

chlieb

トースト

hrianka

ビスケット

sušienky

バター

maslo

カッテージチーズ

tvaroh

ケーキ

koláč

卵

vajce

目玉焼き

volské oko

チーズ

syr

アイスクリーム

zmrzlina

砂糖

cukor

はちみつ

med

ジャム

lekvár

ヌガークリーム

nugátová nátierka

カレー

karí korenie

食べ物 - jedlo

農場
farma

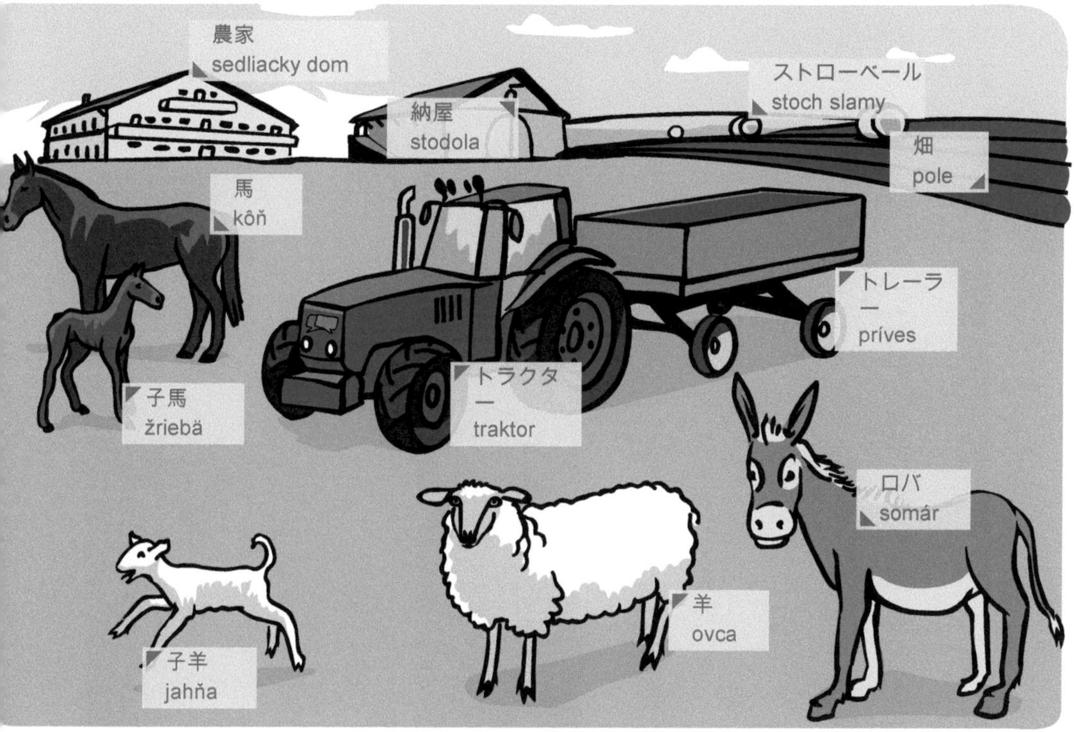

農家
sedliacky dom
納屋
stodola
ストローベール
stoch slamy
畑
pole
馬
kôň
トレーラー
príves
子馬
žriebä
トラクター
traktor
ロバ
somár
羊
ovca
子羊
jahňa

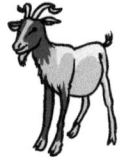

ヤギ

koza

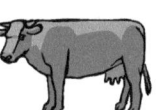

雌牛

krava

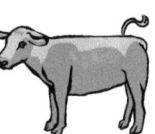

子牛

teľa

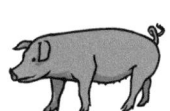

豚

prasa

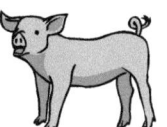

子豚

prasiatko

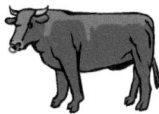

雄牛

býk

ガチョウ

hus

アヒル

kačica

ひよこ

kuriatko

にわとり

sliepka

おんどり

kohút

ネズミ

potkan

猫

mačka

ねずみ

myš

雄牛

vôl

犬

pes

犬小屋

psia búda

散水ホース

záhradná hadica

じょうろ

krhla

大鎌

kosa

すき

pluh

農場 - farma

草刈り鎌

kosák

くわ

motyka

堆肥用フォーク

vidly na hnoj

斧

sekera

手押し車

fúrik

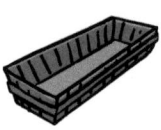

かいばおけ

koryto

牛乳缶

kanva na mlieko

袋

vrece

フェンス

plot

畜舎

maštaľ

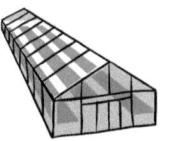

温室

skleník

土壌

pôda

種

osivo

肥料

hnojivo

コンバイン

kombajn

収穫する

žať

収穫

žatva

ヤマイモ

batát

小麦

pšenica

大豆

sója

じゃがいも

zemiak

トウモロコシ

kukurica

菜種

repka

果樹

ovocný strom

キャッサバ

maniok

穀物

obilie

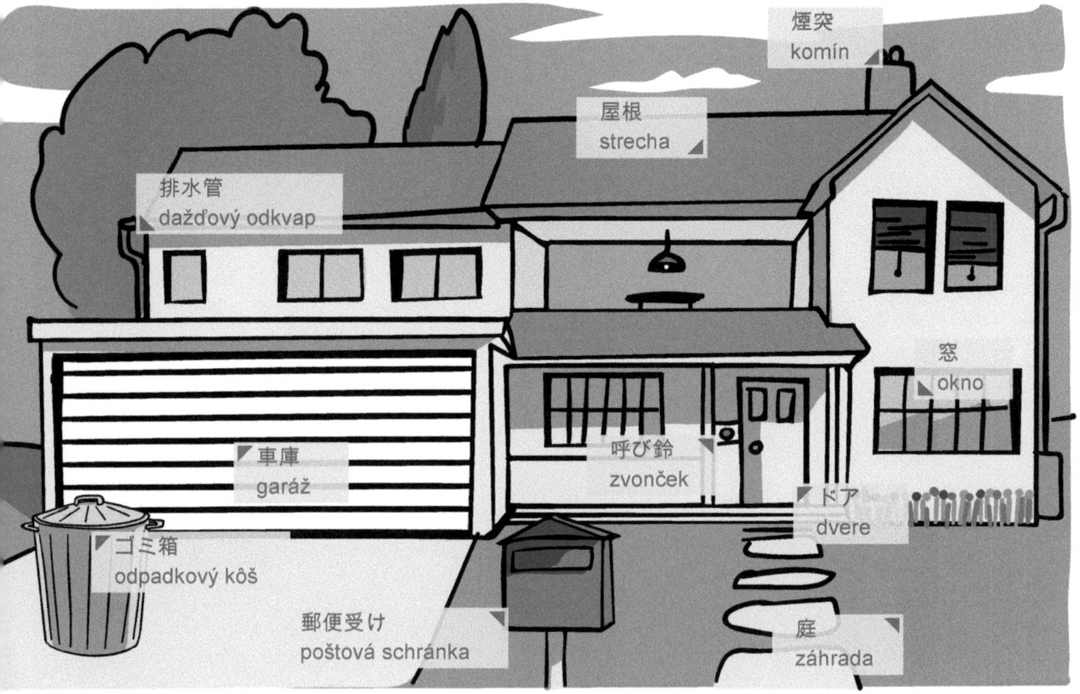

煙突
komín

屋根
strecha

排水管
dažďový odkvap

窓
okno

車庫
garáž

呼び鈴
zvonček

ドア
dvere

ゴミ箱
odpadkový kôš

郵便受け
poštová schránka

庭
záhrada

リビングルーム

obývačka

浴室

kúpeľňa

台所

kuchyňa

寝室

spálňa

子供部屋

detská izba

ダイニング・ルーム

jedáleň

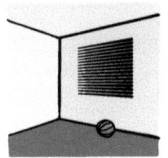

床
podlaha

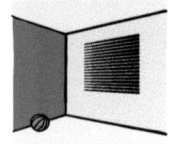

壁
stena

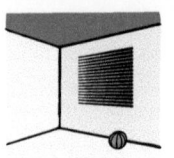

天井
strop

地下貯蔵庫
pivnica

サウナ
sauna

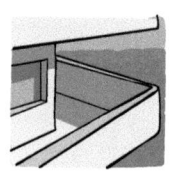

バルコニー
balkón

テラス
terasa

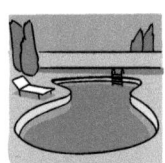

プール
bazén

芝刈り機
kosačka

シーツ
obliečka

ベッドカバー
posteľná prikrývka

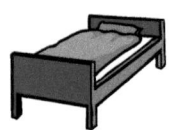

ベッド
posteľ

ほうき
metla

バケツ
vedro

スイッチ
vypínač

リビングルーム
obývačka

壁紙
tapeta
絵
obraz
ランプ
lampa
棚
regál
食器棚
skriňa
テレビ
televízor
暖炉
kozub
花
kvet
クッション
vankúš
ソファ
pohovka
花瓶
váza
リモコン
diaľkové ovládanie

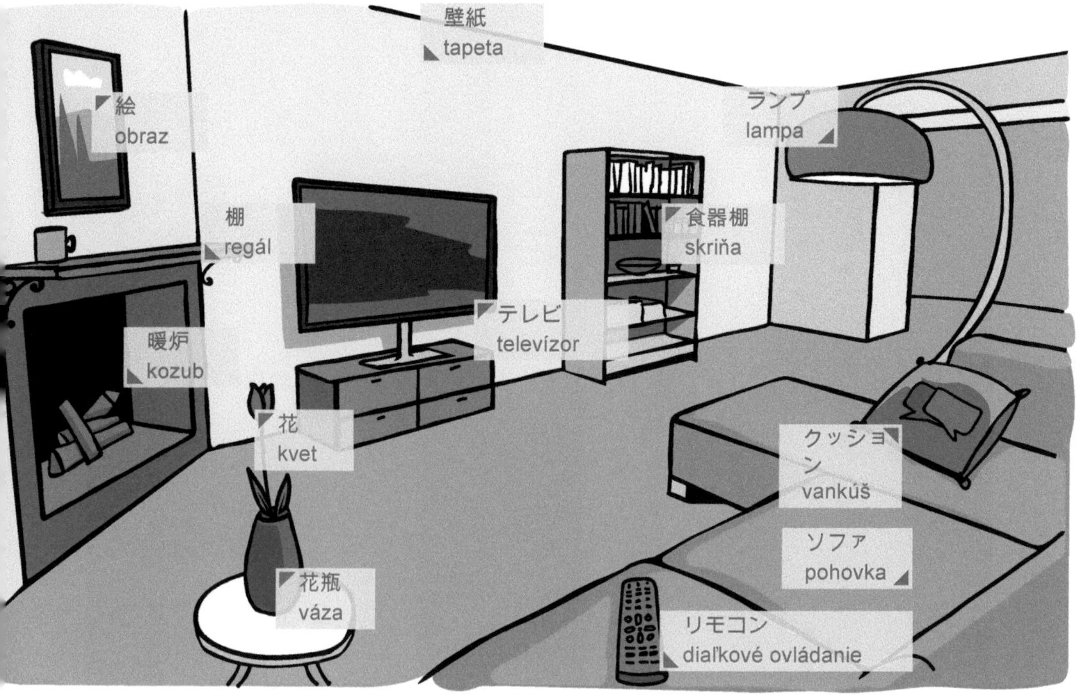

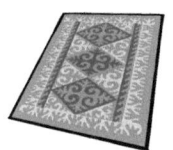

カーペット

koberec

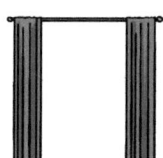

カーテン

záclona

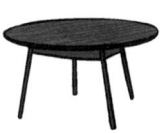

テーブル

stôl

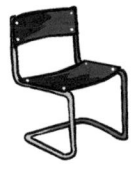

椅子

stolička

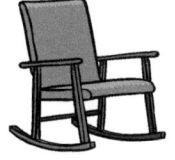

ロッキングチェア

hojdacie kreslo

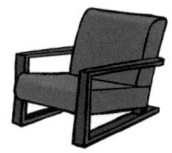

ひじ掛け椅子

kreslo

本
kniha

毛布
prikrývka

飾り
dekorácia

たきぎ
drevo na kúrenie

映画
film

ステレオ
hi-fi veža

鍵
kľúč

新聞
noviny

絵画
maľba

ポスター
plagát

ラジオ
rádio

メモ帳
zápisník

掃除機
vysávač

サボテン
kaktus

ろうそく
sviečka

台所
kuchyňa

冷蔵庫
chladnička
電子レンジ
mikrovlnka
調理用はかり
kuchynské váhy
トースター
hriankovač
洗剤
čistiaci prostriedok
オーブン
pec
冷凍室
mraziarenský box
ゴミ箱
odpadkový kôš
食器洗い機
umývačka riadu

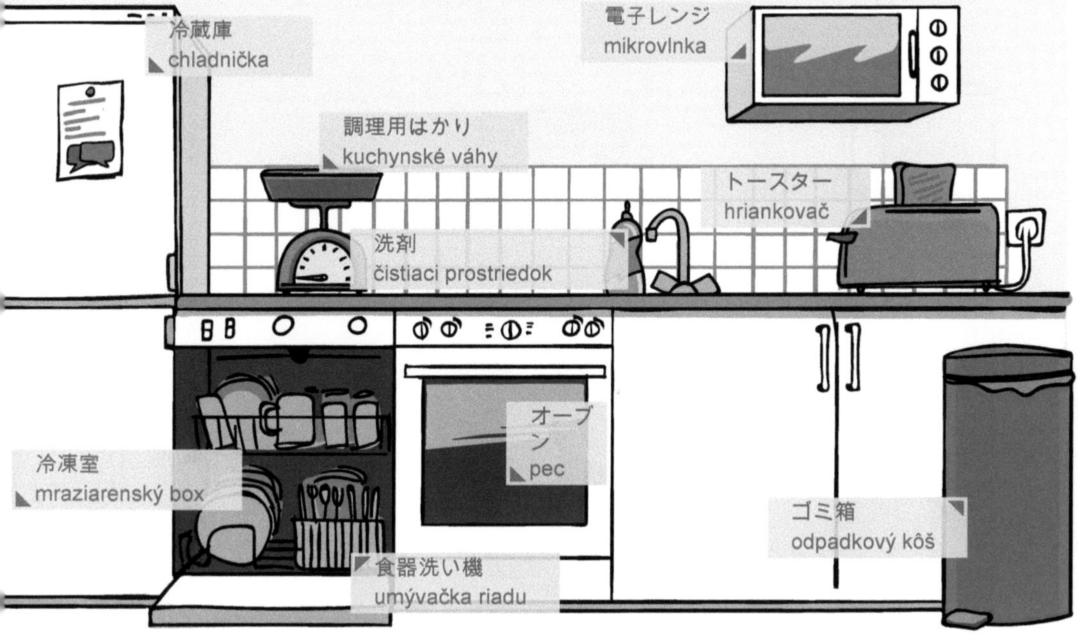

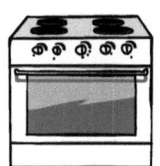

こんろ

sporák

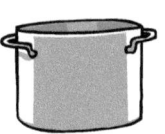

鍋

hrniec

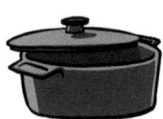

鉄鍋

železný hrniec

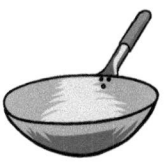

中華鍋/ カダイ鍋

wok / kadai

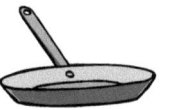

フライパン

panvica

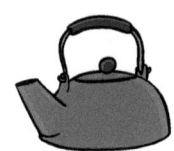

やかん

rýchlovarná kanvica

蒸し器

parný hrniec

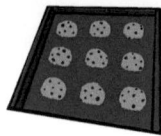

天板

plech na pečenie

食器

riad

マグカップ

pohár

ボウル

misa

箸

paličky

おたま

naberačka na polievku

へら

stierka

泡立て器

metlička

こし器

cedidlo

ふるい

sitko

すりおろし器

strúhadlo

すり鉢

mažiar

バーベキュー

gril

かまど

ohnisko

まな板

doska na krájanie

麺棒

valček na cesto

栓抜き

vývrtka

缶

konzerva

缶切り

otvárač na konzervy

鍋つかみ

chňapka

流し

výlevka

ブラシ

kefa

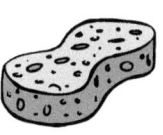

スポンジ

hubka

ミキサー

mixér

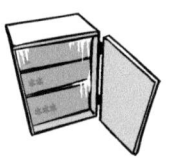

冷凍庫

mraznička

哺乳瓶

kojenecká fľaša

蛇口

vodovodný kohútik

台所 - kuchyňa

浴室

kúpeľňa

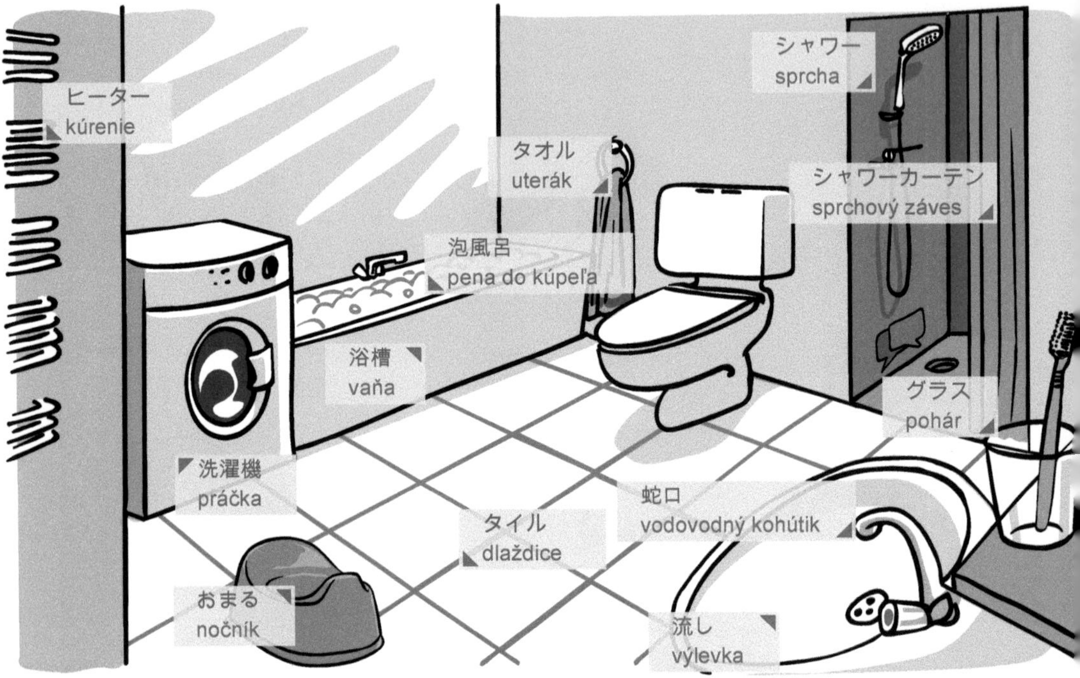
ヒーター
kúrenie
シャワー
sprcha
タオル
uterák
シャワーカーテン
sprchový záves
泡風呂
pena do kúpeľa
浴槽
vaňa
グラス
pohár
洗濯機
práčka
蛇口
vodovodný kohútik
タイル
dlaždice
おまる
nočník
流し
výlevka

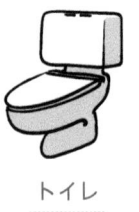

トイレ

záchod

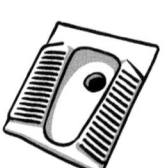

和式トイレ

suchý záchod

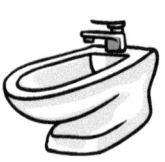

ビデ

bidet

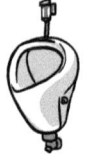

小便器

pisoár

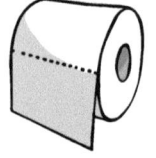

トイレットペーパー

toaletný papier

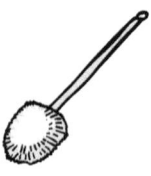

トイレブラシ

záchodová kefa

歯ブラシ

zubná kefka

歯みがき

zubná pasta

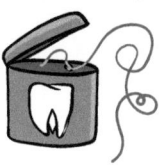

デンタルフロス

dentálna niť

洗う

umývať

シャワーヘッド

ručná sprcha

ハンドビデ

sprcha pre intímnu hygienu

洗面台

umývadlo

ボディブラシ

kefa na chrbát

石鹸

mydlo

シャワー用ジェル

sprchový gél

シャンプー

šampón

浴用タオル

frotírová rukavica

排水口

odtok

クリーム

krém

消臭

dezodorant

鏡

zrkadlo

手鏡

kozmetické zrkadlo

かみそり

žiletka

シェービング・フォーム

pena na holenie

アフターシェーブローショ
ン

voda po holení

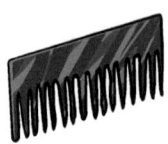

櫛

hrebeň

ブラシ

kefa

ドライヤー

sušič vlasov

ヘアスプレー

sprej na vlasy

化粧

make-up

口紅

rúž

マニキュア

lak na nechty

脱脂綿

vata

爪切り

nožnice na nechty

香水

parfum

洗面用具入れ

kozmetická taška

スツール

stolček

体重計

váha

バスローブ

kúpací plášť

ゴム手袋

gumové rukavice

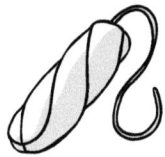

タンポン

tampón

生理用ナプキン

menštruačná vložka

ケミカルトイレ

chemické WC

浴室 - kúpeľňa

detská izba

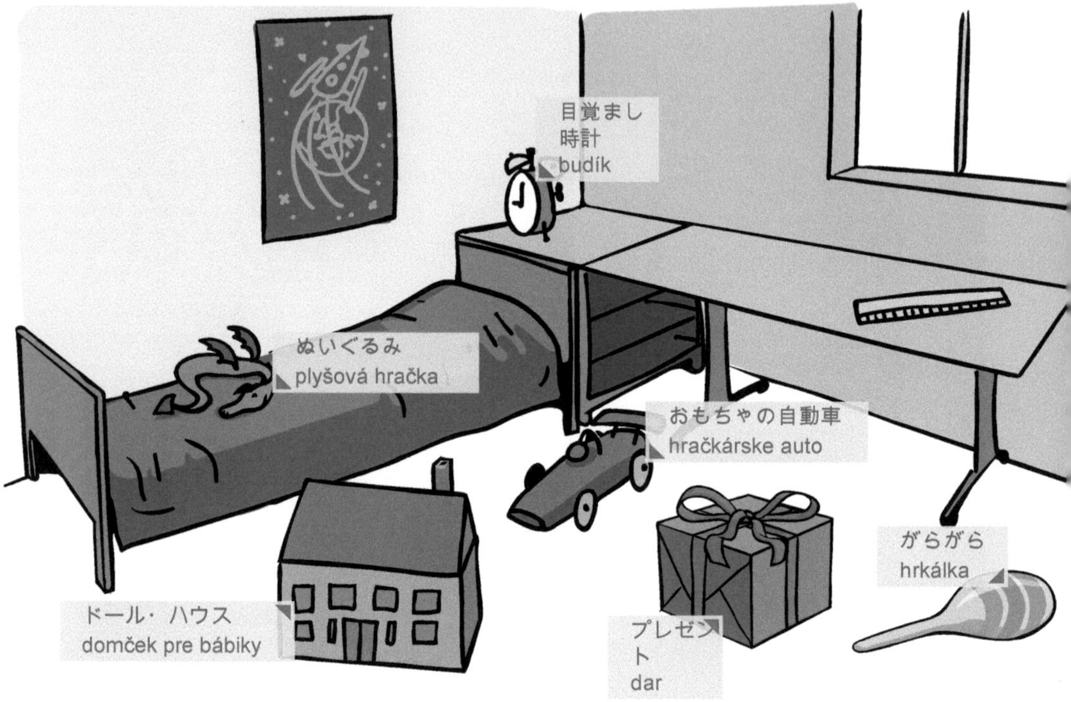

目覚まし
時計
budík

ぬいぐるみ
plyšová hračka

おもちゃの自動車
hračkárske auto

がらがら
hrkálka

ドール・ハウス
domček pre bábiky

プレゼント
dar

風船

balón

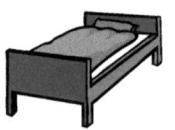

ベッド

posteľ

ベビーカー

detský kočík

カードゲーム

karty

ジグソーパズル

puzzle

漫画

komix

レゴ

skladačka lego

玩具ブロック

stavebnica

アクションフィギュア

akčná postavička

ロンパース

dupačky

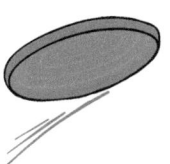

フリスビー

lietajúci tanier

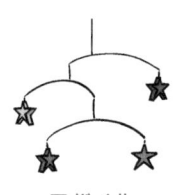

モバイル

závesné hračky

ボードゲーム

stolová hra

さいころ

kocka

鉄道模型

modelový vláčik

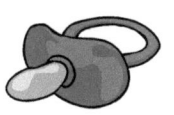

おしゃぶり

cumlík

パーティー

párty

絵本

obrázková kniha

ボール

lopta

人形

bábika

遊ぶ

hrať sa

砂場

pieskovisko

ブランコ

hojdačka

おもちゃ

hračky

ゲーム機

hracia konzola

三輪車

trojkolka

テディベア

medvedík

衣装ダンス

šatník

衣服

šatstvo

靴下

ponožky

ストッキング

pančuchy

タイツ

pančuchové nohavičky

スカーフ
šál

ベルト
opasok

雨傘
dáždnik

Tシャツ
tričko

ブーツ
čižmy

スリッパ
papuče

スニーカー
tenisky

サンダル
sandále

靴
topánky

ゴム長靴
gumáky

パンツ
spodky

ブラ
podprsenka

ベスト
tielko

衣服 - šatstvo

ボディースーツ

body

ズボン

nohavice

ジーンズ

džínsy

スカート

sukňa

ブラウス

blúzka

シャツ

košeľa

セーター

pulóver

パーカー

sveter

ブレザー

blejzer

ジャケット

bunda

コート

kabát

レインコート

pršiplášť

服装

kostým

ドレス

šaty

ウェディングドレス

svadobné šaty

スーツ

oblek

ナイトガウン

nočná košeľa

パジャマ

pyžamo

サリー

sari

ヘッドスカーフ

šatka na hlavu

ターバン

turban

ブルカ

burka

カフタン

kaftan

アバヤ

abaja

水着

dvojdielne plavky

トランクス

plavky

半ズボン

šortky

スウェットスーツ

tepláková súprava

エプロン

zástera

手袋

rukavice

衣服 - šatstvo

ボタン

gombík

メガネ

okuliare

ブレスレット

náramok

ネックレス

retiazka

指輪

prsteň

イヤリング

náušnica

帽子

čiapka

ハンガー

vešiak

帽子

klobúk

ネクタイ

kravata

ファスナー

zips

ヘルメット

prilba

サスペンダー

traky

制服

školská uniforma

ユニフォーム

uniforma

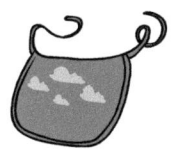

よだれかけ

podbradník

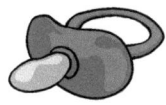

おしゃぶり

cumlík

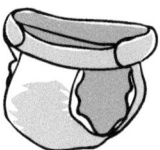

おむつ

plienka

オフィス
kancelária

サーバ
server
書類キャビネット
skriňa na spisy
プリンター
tlačiareň
紙
papier
モニター
monitor
マウス
myš
事務机
písací stôl
フォルダー
zakladač
キーボード
klávesnica
ごみ箱
kôš na papier
コンピューター
počítač
椅子
stolička

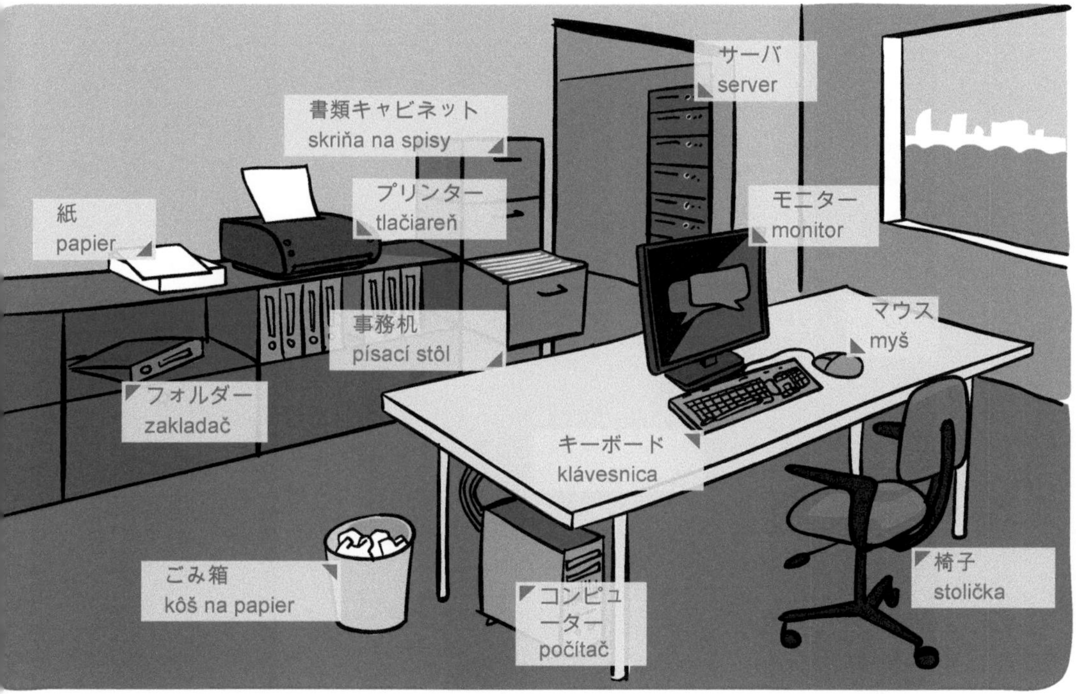

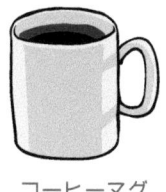

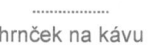

コーヒーマグ

hrnček na kávu

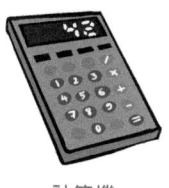

計算機

kalkulačka

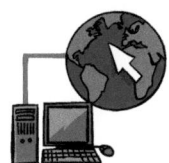

インターネット

internet

ラップトップ

laptop

手紙

list

メッセージ

správa

携帯電話

mobil

ネットワーク

sieť

コピー機

kopírka

ソフトウェア

softvér

電話

telefón

コンセント

elektrická zásuvka

ファックス

fax

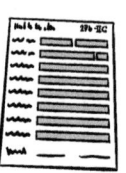

フォーム

formulár

書類

doklad

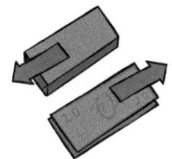

買う
kúpiť

支払う
platiť

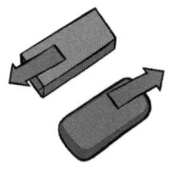

取引する
obchodovať

お金
peniaze

ドル
dolár

ユーロ
euro

円
jen

ルーブル
rubeľ

スイスフラン
švajčiarsky frank

人民元
čínsky jüan

ルピー
rupia

キャッシュポイント
bankomat

両替所

zmenáreň

金

zlato

銀

striebro

油

ropa

エネルギー

energia

価格

cena

契約

zmluva

税金

daň

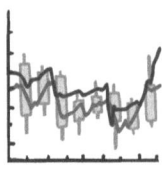

株

akcia

働く

pracovať

従業員

zamestnanec

雇用主

zamestnávateľ

工場

továreň

ショップ

obchod

職業
povolania

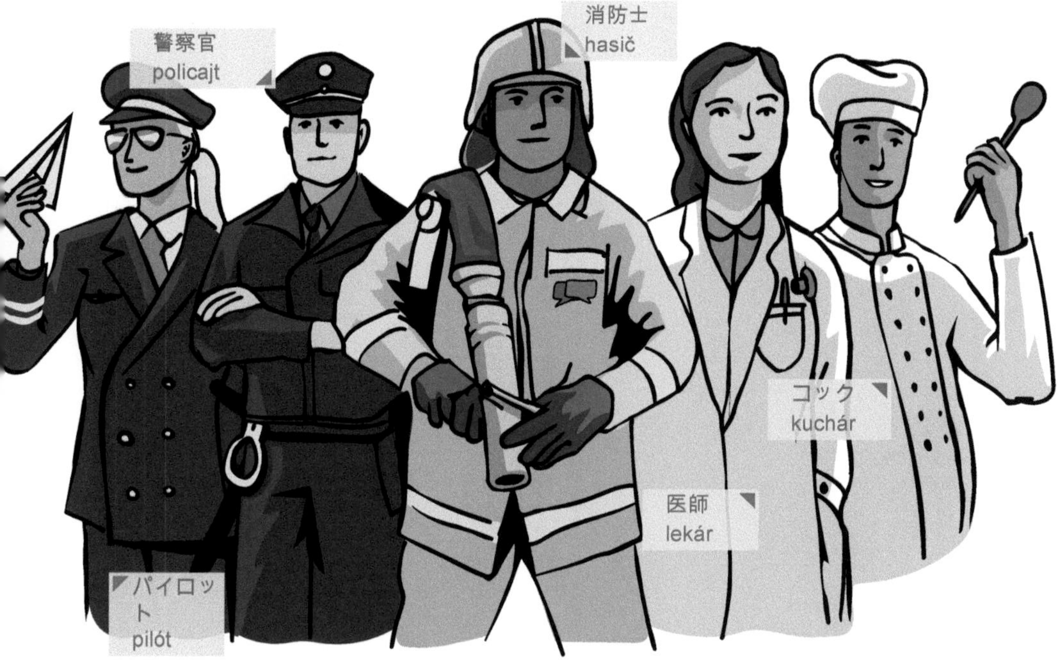
警察官
policajt
消防士
hasič
コック
kuchár
医師
lekár
パイロット
pilót

庭師

záhradník

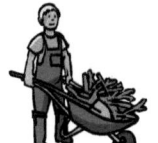

大工

stolár

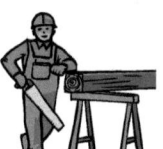

お針子

krajčírka

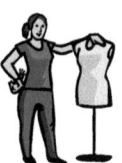

裁判官

sudca

化学者

chemik

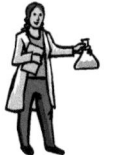

俳優

herec

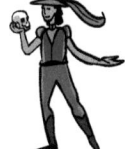

バスの運転手

vodič autobusu

タクシー運転手

taxikár

漁師

rybár

掃除婦

upratovačka

屋根ふき職人

pokrývač

ウェイター

čašník

ハンター

poľovník

塗装工

maliar

パン屋

pekár

電気工

elektrikár

建設作業員

stavebný robotník

エンジニア

inžinier

肉屋

mäsiar

配管工

klampiar

郵便配達人

poštár

軍人

vojak

建築家

architekt

レジ係

pokladník

花屋

kvetinár

美容師

kaderník

車掌

sprievodca

機械工

mechanik

キャプテン

kapitán

歯科医

zubár

科学者

vedec

ラビ

rabín

イスラム導師

imám

修道士

mních

牧師

farár

道具

náradie

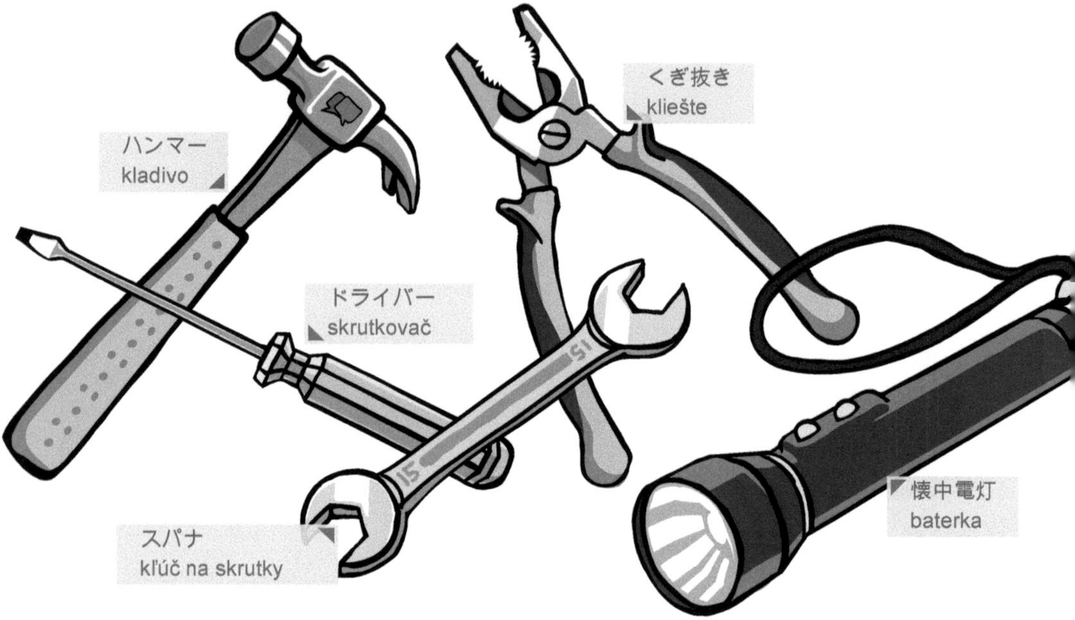
ハンマー
kladivo
くぎ抜き
kliešte
ドライバー
skrutkovač
スパナ
kľúč na skrutky
懐中電灯
baterka

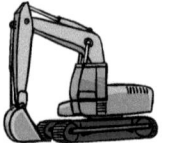

掘削機

bager

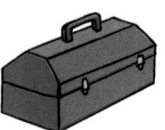

道具箱

súprava náradia

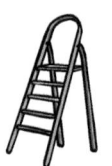

はしご

rebrík

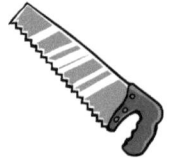

のこぎり

pílka

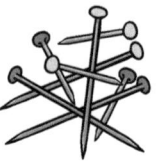

釘

klince

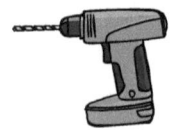

ドリル

vrták

修理する
....
opraviť

シャベル
....
lopata

クソ！
....
Do čerta!

ちりとり
....
lopatka na smeti

ペンキ缶
....
nádoba s farbou

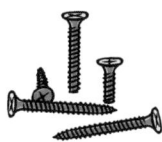

ネジ
....
skrutky

楽器

hudobné nástroje

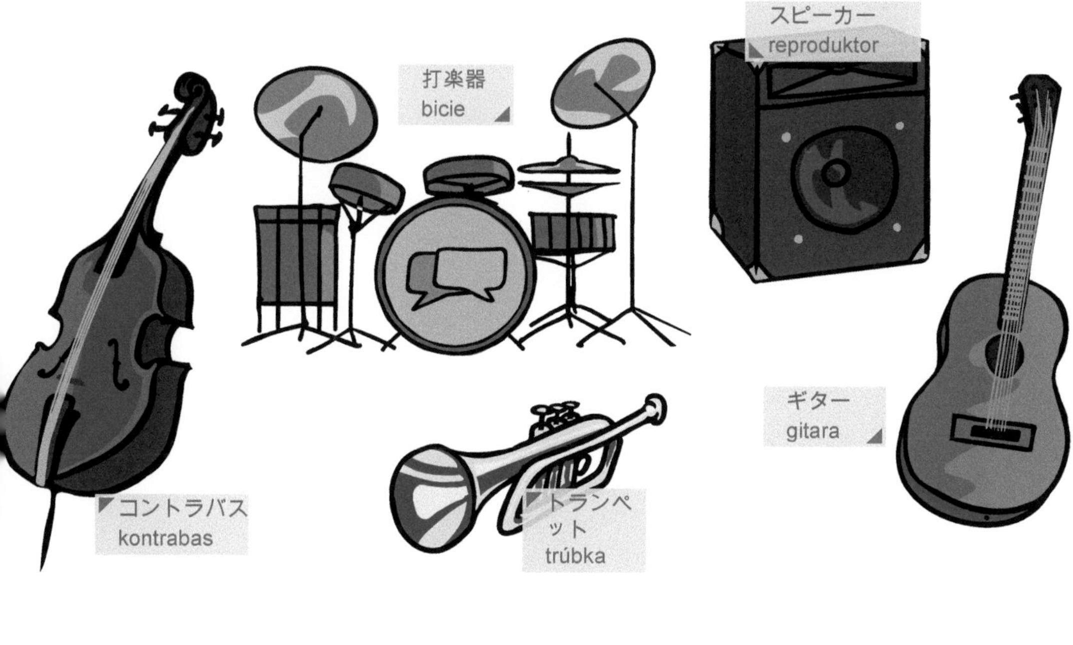

スピーカー
reproduktor

打楽器
bicie

コントラバス
kontrabas

トランペット
トランペ
ット
trúbka

ギター
gitara

ピアノ

klavír

バイオリン

husle

バス

basa

ティンパニ

tympany

ドラム

bubon

キーボード

klávesnica

サックス

saxofón

フルート

flauta

マイクロフォン

mikrofón

動物園

ZOO

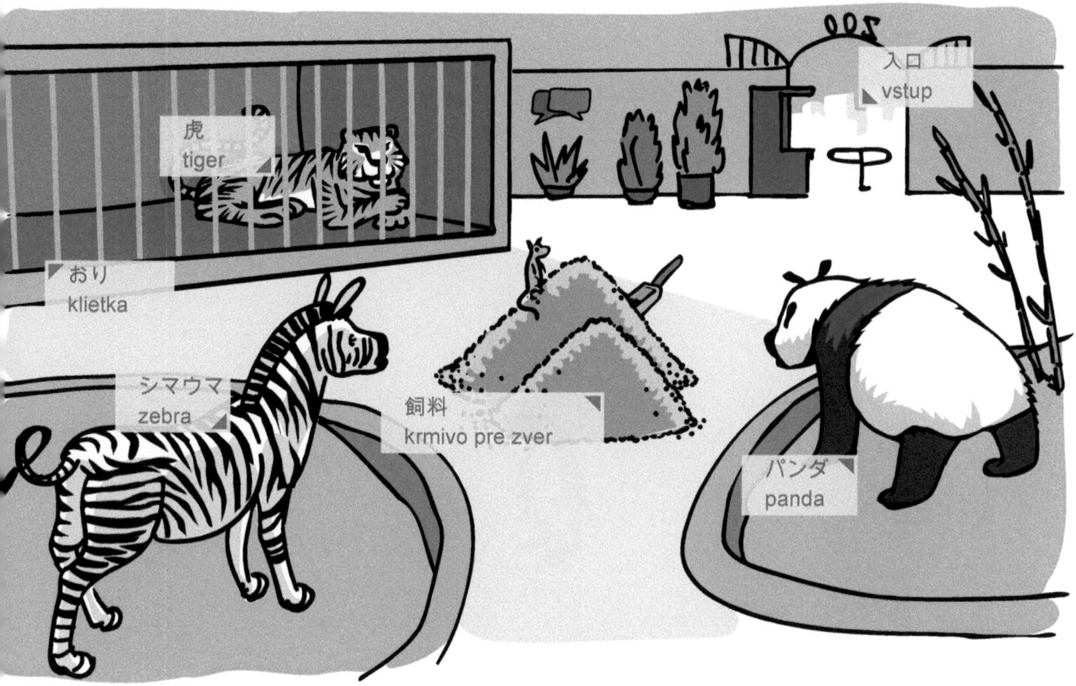

虎
tiger
入口
vstup
おり
klietka
シマウマ
zebra
飼料
krmivo pre zver
パンダ
panda

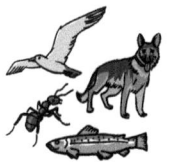

動物

zvieratá

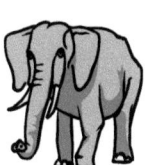

象

slon

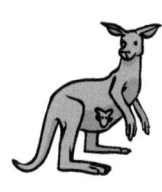

カンガルー

klokan

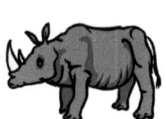

サイ

nosorožec

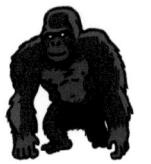

ゴリラ

gorila

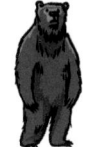

熊

medveď

ラクダ

ťava

ダチョウ

pštros

ライオン

lev

猿

opica

フラミンゴ

plameniak

オウム

papagáj

白クマ

ľadový medveď

ペンギン

tučniak

サメ

žralok

クジャク

páv

蛇

had

ワニ

krokodíl

飼育係

ošetrovateľ v ZOO

アザラシ

tuleň

ジャガー

jaguár

ポニー

poník

ヒョウ

leopard

カバ

hroch

キリン

žirafa

鷲

orol

雄豚

diviak

魚

ryba

亀

korytnačka

セイウチ

mrož

狐

líška

ガゼル

gazela

スポーツ

šport

アメフト
americký futbal

サイクリング
cyklistika

テニス
tenis

バスケットボール
basketbal

水泳
plávanie

ボクシング
box

アイスホッケー
hokej

サッカー
futbal

バドミントン
bedminton

陸上競技
ľahká atletika

ハンドボール
hádzaná

スキー
lyžovanie

ポロ
pólo

笑う
smiať sa

跳ぶ
skočiť

抱きしめる
objať

歩く
chodiť

歌う
spievať

夢見る
snívať

祈る
modliť sa

キス
pobozkať

書く
písať

描く
kresliť

示す
ukázať

押す
tlačiť

与える
dať

取る
brať

持っている
....
mať

する
....
robiť

ある
....
byť

立つ
....
stáť

走る
....
bežať

引く
....
ťahať

投げる
....
hádzať

落ちる
....
padnúť

横たわっている
....
ležať

待つ
....
čakať

運ぶ
....
nosiť

座る
....
sedieť

着る
....
obliecť sa

眠る
....
spať

目が覚める
....
zobudiť sa

見る

pozerať

泣く

plakať

なでる

hladkať

櫛ですく

česať

話す

hovoriť

理解する

rozumieť

質問する

pýtať sa

聞く

počuť

飲む

piť

食べる

jesť

片づける

upratať

愛する

milovať

料理する

variť

運転する

jazdiť

飛ぶ

letieť

活動 - aktivity

ヨットに乗る

plachtiť

計算する

počítať

読む

čítať

学ぶ

učiť sa

働く

pracovať

結婚する

oženiť

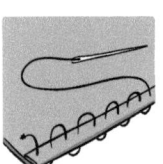

縫う

šiť

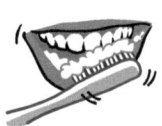

歯を磨く

čistiť zuby

殺す

zabiť

喫煙する

fajčiť

送る

poslať

祖母
stará mama

祖父
starý otec

父
otec

母
mama

赤ん坊
bábo

娘
dcéra

息子
syn

お客様
hosť

おば
teta

おじ
strýko

兄弟
brat

姉妹
sestra

体

telo

ひたい
čelo
目
oko
顔
tvár
あご
brada
胸
hruď
指
prst
手
ruka
腕
rameno
肩
plece
脚
noha

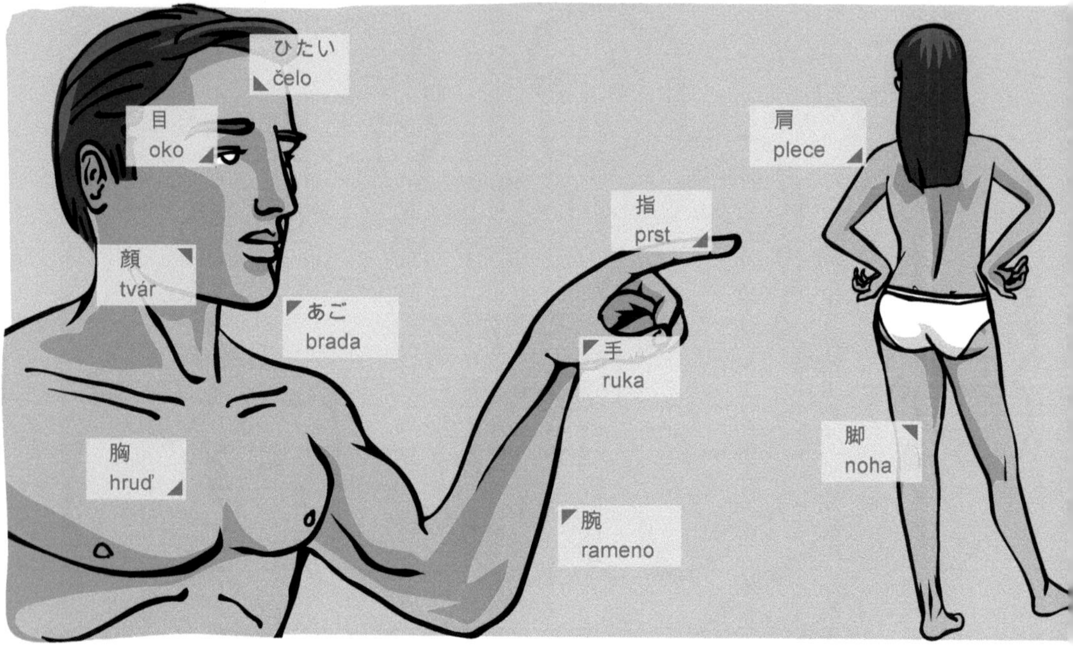

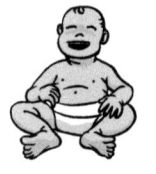

赤ん坊

bábo

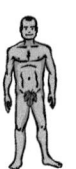

男性

muž

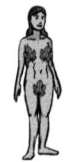

女性

žena

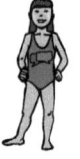

少女

dievča

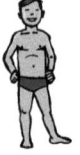

少年

chlapec

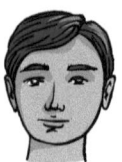

頭

hlava

背中

chrbát

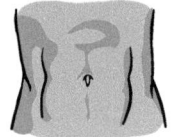

腹

brucho

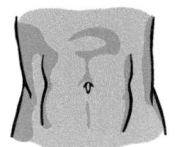

へそ

pupok

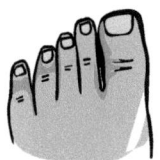

足指

prst na nohe

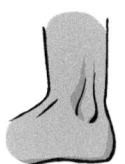

かかと

päta

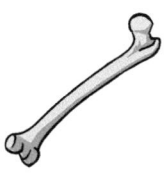

骨

kosť

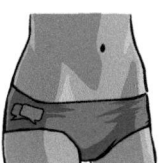

腰

bok

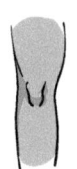

ひざ

koleno

ひじ

lakeť

鼻

nos

尻

zadok

皮膚

koža

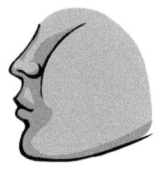

頬

líce

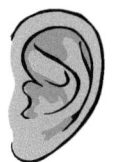

耳

ucho

唇

pery

口
ústa

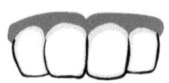

歯
zub

舌
jazyk

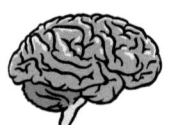

脳
mozog

心臓
srdce

筋肉
svaly

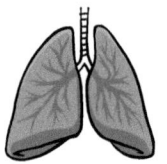

肺
pľúca

肝臓
pečeň

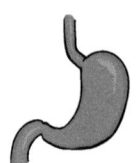

胃
žalúdok

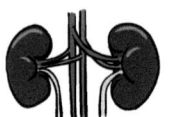

腎臓
obličky

セックス
pohlavný styk

コンドーム
kondóm

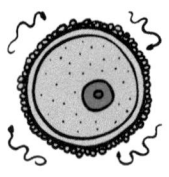

卵細胞
vaječná bunka

精液
semeno

妊娠
tehotenstvo

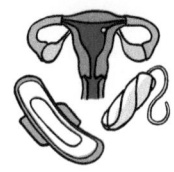

月経

menštruácia

膣

vagína

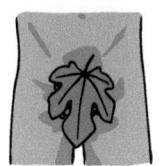

ペニス

penis

眉

obočie

髪

vlasy

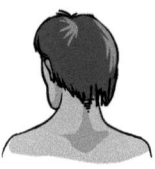

首

krk

病院
nemocnica

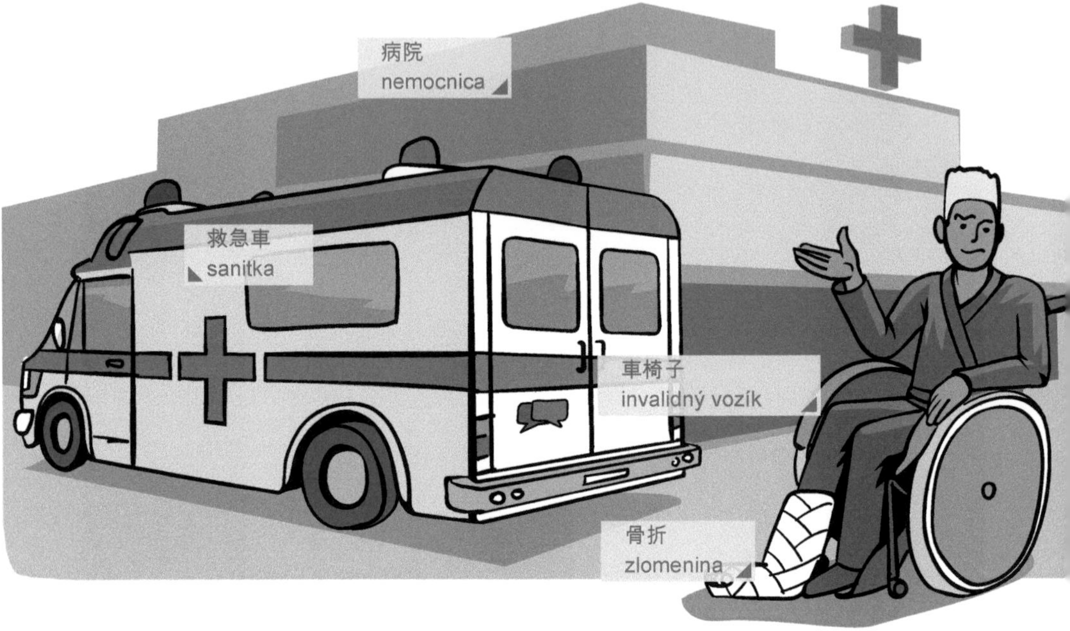

病院
nemocnica
救急車
sanitka
車椅子
invalidný vozík
骨折
zlomenina

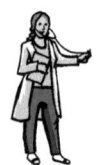

医師

lekár

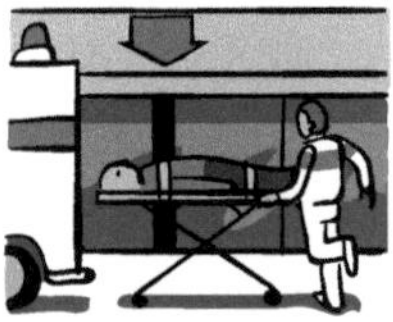

救急治療室

urgentný príjem

看護師

sestrička

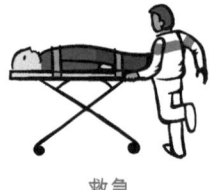

救急

urgentný prípad

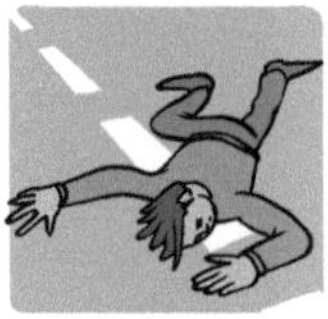

失神

v bezvedomí

痛み

bolesť

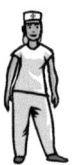

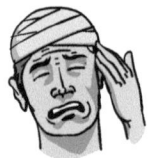

けが

zranenie

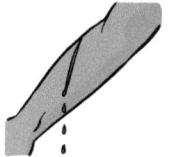

出血

krvácanie

心臓発作

srdcový infarkt

脳卒中

mozgová porážka

アレルギー

alergia

咳

kašeľ

熱

teplota

インフルエンザ

chrípka

下痢

hnačka

頭痛

bolesť hlavy

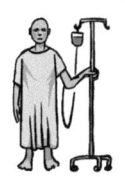

癌

rakovina

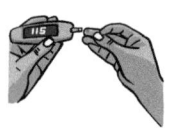

糖尿病

cukrovka

外科医

chirurg

外科用メス

skalpel

手術

operácia

CT

CT

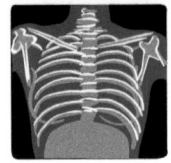

レントゲン

RTG

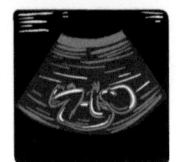

超音波

ultrazvuk

マスク

maska

病気

choroba

待合室

čakáreň

松葉づえ

barla

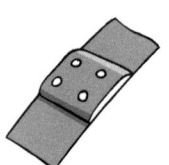

ばんそうこう

náplasť

包帯

obväz

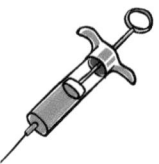

注射

injekcia

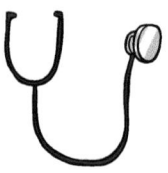

聴診器

fonendoskop

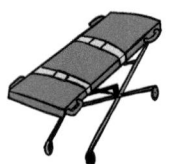

担架

nosidlá

体温計

teplomer

出産

pôrod

肥満

nadváha

補聴器

audiofón

消毒剤

dezinfekčný prostriedok

感染

infekcia

ウイルス

vírus

HIV / エイズ

HIV / AIDS

内服薬

medicína

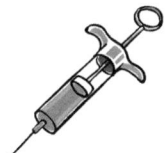

予防接種

očkovanie

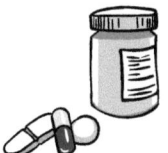

錠剤

tabletky

ピル

antikoncepčná pilulka

緊急電話

tiesňové volanie

血圧計

tlakomer

病気の / 健康な

chorý / zdravý

助けて！

Pomoc!

アラーム

alarm

暴行

prepad

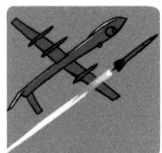

攻撃

útok

危険

nebezpečenstvo

非常口

núdzový východ

火事だ！

Horí!

消火器

hasičský prístroj

事故

nehoda

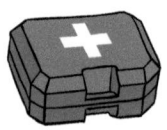

救急箱

kufrík prvej pomoci

SOS

SOS

警察

polícia

ヨーロッパ

Európa

北米

Severná Amerika

南米

Južná Amerika

アフリカ

Afrika

アジア

Ázia

オーストラリア

Austrália

大西洋

Atlantický oceán

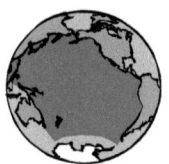

太平洋

Tichý oceán

インド洋

Indický oceán

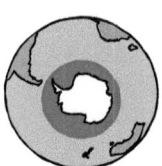

南極海

Južný oceán

北極海

Severný ľadový oceán

北極

Severný pól

南極
Južný pól

南極大陸
Antarktída

地球
Zem

陸
krajina

海
more

島
ostrov

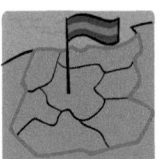

国家
národ

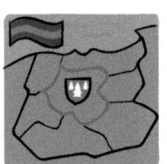

国家
štát

文字盤

ciferník

短針

hodinová ručička

長針

minútová ručička

秒針

sekundová ručička

何時ですか？

Koľko je hodín?

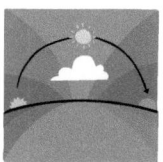

日

deň

時間

čas

現在

teraz

デジタル時計

digitálne hodiny

分

minúta

時間

hodina

週

týždeň

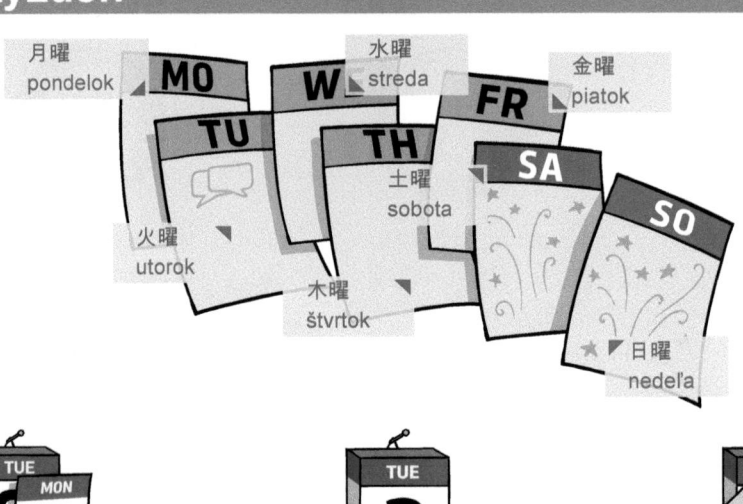

月曜 pondelok
火曜 utorok
水曜 streda
木曜 štvrtok
金曜 piatok
土曜 sobota
日曜 nedeľa

昨日
....
včera

今日
....
dnes

明日
....
zajtra

朝
....
ráno

昼
....
poludnie

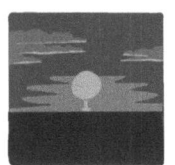

夜
....
večer

営業日
....
pracovné dni

週末
....
víkend

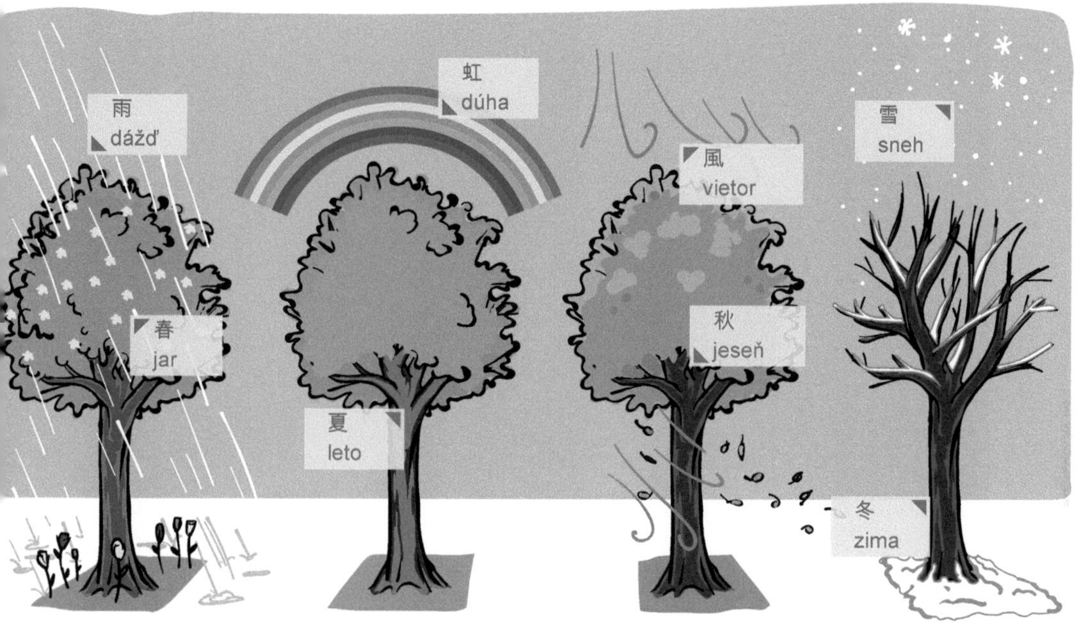

雨
dážď

虹
dúha

風
vietor

雪
sneh

春
jar

夏
leto

秋
jeseň

冬
zima

天気予報

predpoveď počasia

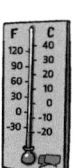

温度計

teplomer

日差し

slnečný svit

雲

oblak

霧

hmla

湿度

vlhkosť vzduchu

雷

blesk

雷

hrom

嵐

búrka

ひょう

krúpy

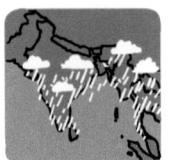

季節風

monzún

洪水

záplava

氷

ľad

1月

január

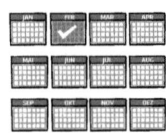

2月

február

3月

marec

4月

apríl

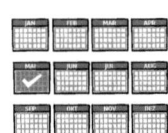

5月

máj

6月

jún

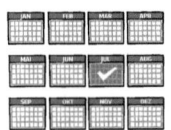

7月

júl

8月

august

年 - rok

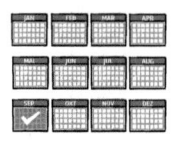

9月

september

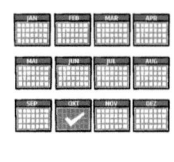

10月

október

11月

november

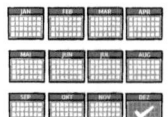

12月

december

形

tvary

円

kruh

正方形

štvorec

長方形

obdĺžnik

三角

trojuholník

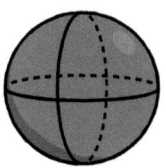

球

guľa

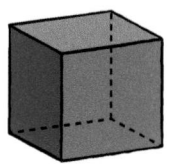

立方体

kocka

白
....
biela

黄
....
žltá

オレンジ
....
oranžová

ピンク
....
ružová

赤
....
červená

紫
....
fialová

青
....
modrá

緑
....
zelená

茶
....
hnedá

灰色
....
šedá

黒
....
čierna

多い / 少ない

veľa / málo

怒っている /
落ち着いている
zúrivý / pokojný

美しい / 醜い

pekný / škaredý

初め / 終わり

začiatok / koniec

大きい / 小さい

veľký / malý

明るい / 暗い

svetlý / tmavý

兄弟 / 姉妹

brat / sestra

清潔な / 汚い

čistý / špinavý

完全な / 不完全な

úplný / neúplný

日中 / 夜

deň / noc

死んだ / 生きている

mŕtvy / živý

幅広い / 狭い

široký / úzky

食べられる　/
食べられない
chutný / nechutný

悪意のある　/　親切な
zlostný / láskavý

興奮している　/
退屈じている
vzrušený / unudený

太った　/　痩せた
tlstý / chudý

最初に　/　最後に
prvý / posledný

友人　/　敵
priateľ / nepriateľ

いっぱいの　/　空の
plný / prázdny

硬い　/　柔らかい
tvrdý / mäkký

重い　/　軽い
ťažký / ľahký

空腹　/　喉の渇き
hlad / smäd

病気の　/　健康な
chorý / zdravý

違法な　/　合法な
nelegálny / legálny

賢い　/　愚かな
inteligentný / hlúpy

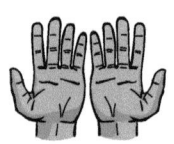

左に　/　右に
vľavo / vpravo

近い　/　遠い
blízko / ďaleko

新しい ／ 中古の

nový / použitý

何もない ／ 何かある

nič / niečo

老いた ／ 若い

starý / mladý

オン ／ オフ

zapnuté / vypnuté

開いている ／
閉まっている

otvorené / zatvorené

静かな ／ うるさい

tichý / hlasný

裕福な ／ 貧乏な

bohatý / chudobný

正しい ／ 間違っている

správne / nesprávne

粗い ／ なめらか

drsný / hladký

悲しい ／ 幸せな

smutný / šťastný

短い ／ 長い

krátky / dlhý

ゆっくり ／ 速い

pomaly / rýchlo

濡れた ／ 乾いた

mokrý / suchý

温かい ／ 冷たい

teplý / studený

戦争 ／ 平和

vojna / mier

0

ゼロ

nula

1

1

jeden

2

2

dva

3

3

tri

4

4

štyri

5

5

päť

6

6

šesť

7

7

sedem

8

8

osem

9

9

deväť

10

10

desať

11

11

jedenásť

12

12
dvanásť

13

13
trinásť

14

14
štrnásť

15

15
pätnásť

16

16
šestnásť

17

17
sedemnásť

18

18
osemnásť

19

19
devätnásť

20

20
dvadsať

100

100
sto

1.000

1000
tisíc

1.000.000

100万
milión

英語

angličtina

アメリカ英語

americká angličtina

中国標準語

mandarínska čínština

ヒンディー語

hindčina

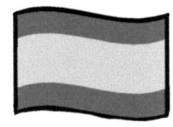

スペイン語

španielčina

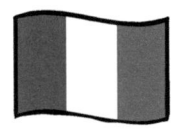

フランス語

francúzština

アラビア語

arabčina

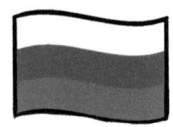

ロシア語

ruština

ポルトガル語

portugalčina

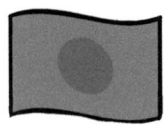

ベンガル語

bengálčina

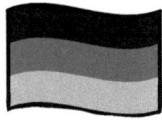

ドイツ語

nemčina

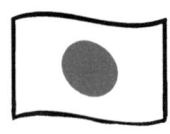

日本語

japončina

私
ja

あなた
ty

彼 / 彼女 / それ
on/ona/ono

私たち
my

あなたたち
vy

彼ら
oni

誰？
kto?

何？
čo?

どうやって？
ako?

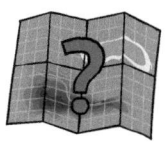

どこ？
kde?

いつ？
kedy?

名前
meno

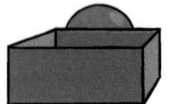

後ろ

za

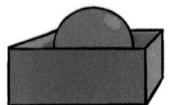

中

v

前

pred

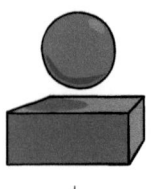

上

nad

上

na

下

pod

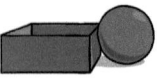

横

vedľa

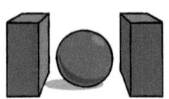

間

medzi

場所

miesto